FLOWERS AND THEIR STORIES

ЦВЕТЫ И ИХ ИСТОРИИ

Bilingual English/Russian Book

BY ELIZA GARIBIAN

For my dearest Aliza

with love.

CONTENTS

СОДЕРЖАНИЕ

*There are always flowers for those who want
to see them. — Henry Matisse, French artist.*

PREFACE

This book has photos of flowers and short information about the origin and meaning of their names, and also interesting stories and legends associated with them.

The flower names are arranged in an alphabetical order by their English names. At the end of the book, for your convenience, there is also an Index/Vocabulary.

Curious facts about the origin of flower names and amusing stories that are presented both in English and Russian languages are making this book an attractive read for all who love flowers.

Цветы есть всегда для тех, кто хочет их видеть. – Анри Матисс, французский художник.

ПРЕДИСЛОВИЕ

В этой книге даны фотографии цветов и краткая информация о происхождении и значении их имен, а также интересные истории и легенды связанные с ними.

Имена цветов расположены в алфавитном порядке по их английским названиям. В конце книги, для вашего удобства, помещен также Индекс/Словарь.

Любопытные факты о происхождении названий цветов и увлекательные истории, которые приведены как на английском, так и на русском языках, делают эту книгу привлекательной для всех тех, кто любит цветы.

ANEMONE

АНЕМОН

The flower was named "anemone", which means the "daughter of the wind", possibly because of its sensitivity to the wind.

Ancient Roman poet Ovid tells that the plant was created by Venus, the goddess of love and beauty, when she sprinkled nectar on the blood of her dead lover Adonis, ever youthful god.

Цветок был назван "анемон", что означает "дочь ветра", возможно из-за его чувствительности к ветру.

Древнеримский поэт Овидий рассказывает, что растение было создано Венерой, богиней любви и красоты, когда она оросила нектаром кровь своего возлюбленного Адониса, бога вечной молодости.

ANTHURIUM, BOY FLOWER, PAINTER'S PALETTE

АНТУРИУМ

The name "anthurium" is derived from the words that mean "tail flower".

Название "антуриум" произошло от слов, которые означают "цветок- хвост".

AZALEA

АЗАЛИЯ

"Azalea" is derived from the word that means "dry", possibly because of the dry look of the branches of the shrub.

Here is a fairy tale about the origin of the flower name.

Once nomadic gypsies settled on the territory of the great estates of the Maharaja. There were two beautiful sisters among the gypsies: Aza and Leah. Aza was skillful dancer with extraordinary energy and a cheerful smile. Leah was a fortune teller. She could predict the fate of any man, but she could not see her own destiny.

One day, to amuse his guests, the Maharaja invited gypsies to the party. For fun, he held out his hand and asked Leah to predict his future. Leah foretold him trouble: the Ganges will come out of its banks and flood the lands bringing disaster to the Indian people and to the Maharaja himself.

The Maharaja became angry and ordered to kill gypsies, but sisters Aza and Leah managed to escape. During the escape, while climbing dangerous mountain trails, sisters fell down from the cliff.

When people found the sisters, only one of them was alive. They asked her name and in the few moments before her death the girl managed to utter words: "Aza ... Leah."

The villagers buried sisters and a wonderful flower bush, which people called "azalea", had grown on their grave.

Название "азалия" произошло от слова, которое означает "сухой".

Вот сказка о происхождении имени цветка.

Однажды кочующий цыганский табор остановился на территории владений великого махараджи. Среди цыган были две красавицы-сестры: Аза и Лия. Аза была искусной танцовщицей с необычайной энергией и веселой улыбкой. Лия же была гадалкой. Она могла предсказать судьбу любого человека, но свою судьбу ей видеть было не дано.

Как-то махараджа для увеселения гостей пригласил цыган на свой праздник. Ради интереса он протянул Лие ладонь и попросил предсказать ему будущее. Лия нагадала ему беду: Ганг выйдет из берегов и затопит земли, принеся с собой несчастье людям Индии и самому махарадже.

Тогда махараджа разгневался и приказал убить цыган, но сестрам Азе и Лие удалось убежать. Во время побега сестры, карабкаясь по опасным горным тропинкам, упали с горной кручи.

Когда люди нашли сестер, только одна из них была еще жива. Они спросили ее имя и за несколько секунд до смерти девушка успела вымолвить: "Аза…Лия".

Крестьяне похоронили сестер, а на месте их могилы вырос прекрасный цветочный куст, который люди назвали "азалией".

BELLFLOWER

КОЛОКОЛЬЧИК

The scientific name of the genus—"Campanula", comes from diminutive of the Latin word *campána* – bell.

Once upon a time lived a girl-elf. She was very beautiful and romantic. One day she heard ringing bells from the distant village church. She was so enchanted with these divine sounds that announced that she will marry the one who will make a bell that will sound as sweet and gentle as the bells of the church.

Many of the young elves tried their best but no one succeeded at the task. Then one of them, the one who was most in love with the girl-elf, asked fairies for help.

The fairies liked the idea and decided to help. That is how bellflowers were created. To make flowers light and fresh like air after the spring shower, they used pieces of sky to create the bodies of the tiny bells.

Then they hung the bells on the green stems and put inside of each a small fragment of a magic star. When the night was over and the light morning breeze shook the drooping heads of the bells, elves heard a beautiful quiet chime.

Gentle and pure sounds of the bellflowers seemed to embody the most wonderful sounds of the universe. And, of course, the girl-elf married the young elf and they lived happily ever after.

Научное название рода—"Campanula", в основе имеет уменьшительное слово от латинского *campána* — колокол.

Жила была однажды девочка-эльф. Она была очень красива и романтична. Однажды, она услышала перезвон колоколов далекой сельской церкви. Она была настолько очарована этими божественными звуками, что объявила, что выйдет замуж за того, кто сделает колокольчик, который будет звучать, так же сладко и нежно, как колокола церкви.

Многие молодые эльфы изо всех сил старались, но никто не смог справиться с заданием. Тогда один из них, который был сильнее всех влюблен в девушку-эльф, попросил помощи у фей.

Феям понравилась эта идея, и они решили помочь. Так были созданы колокольчики. Чтобы сделать цветы легкими и свежими, как воздух после весеннего ливня, феи сделали крошечные колокольчики из кусочков неба.

Затем они повесили колокольчики на зеленые стебельки и положили внутрь каждого из них по маленькому кусочку волшебной звезды. Когда прошла ночь, и лёгкий утренний ветерок встряхнул опущенные головки колокольчиков, эльфы услышали прекрасный тихий звон.

Нежные и чистые звуки колокольчиков, казалось воплотили в себе самые замечательные звуки Вселенной. И, конечно, девушка-эльф вышла замуж за молодого эльфа, и они жили долго и счастливо.

BIRD-OF-PARADISE FLOWER
ЦВЕТОК РАЙСКАЯ ПТИЦА

The flower is native to South Africa. There it is commonly known as a "crane flower".

Цветок родом из Южной Африки. Там он широко известен как "цветок журавль".

BURDOCK

ЛОПУХ

The Russian name of the flower "lapooh" contains root that means "leaf".

Корень русского названия цветка содержит в переводе означает "лист".

BUTTERCUP, RANUNCULUS

ЛЮТИК, РАНУНКУЛЮС

"Ranunculus" is derived from the word meaning "frog" because the flowers are found near the water, like frogs.

There was a boy who heard a story about the gold under the rainbow. He believed in it with all his heart and was determined to find the gold. When he was growing, he never had friends and when he grew up, he didn't marry and didn't have family. He didn't want anybody or anything to stand in his way to the gold. All his life he was selfish and cared for nobody but himself. But then one night, when he was already old and wrinkled, a fairy came to him in his dream. She told the old man that his wish will be granted and he will find gold, but it will not bring happiness to him.

When the old man woke up, he saw a rainbow in the sky that appeared after a brief morning shower. The day was beautiful – the sun was shining, air was clean and fragrant, but he, without noticing all that, just walked to the end of the rainbow. There, finally, he found the promised gold. But the old man still wasn't happy because now he was afraid that somebody else will see his gold and ask him to share it.

Being very precautious, he decided to bury the bag of gold in the ground. While he was searching for a place to hide it, an elf slipped behind his back and cut a small hole in the bag. All the yellow pieces of gold dropped onto the grass. The fairies saw that and fastened stems to the gold pieces so they will not sink into the ground. That is how each shiny piece became a golden buttercup.

"Ранункулюс" произошло от слова, означающего "лягушка", потому что цветы обитают рядом с водой, как и лягушки.

Жил был мальчик, который как-то услышал историю о золоте под радугой. Он поверил ей всем сердцем и был полон решимости найти это золото. Когда он рос, у него никогда не было друзей, а когда вырос, он не женился и не завел семьи. Он не хотел, чтобы кто-либо или что-либо было бы на его пути к золоту. Всю свою жизнь он был эгоистом и ни о ком, кроме себя самого, не заботился. Но вот однажды ночью, когда он был уже стар и весь в морщинах, к нему во сне явилась фея. Она сказала старику, что его желание будет выполнено, и он найдет золото, но это не принесет ему счастья.

Когда старик проснулся, он увидел радугу в небе, которая появилась после короткого утреннего ливня. День был прекрасным - светило солнце, воздух был чистым и ароматным, но он, ничего этого не замечая, просто шел к концу радуги. Там, наконец, он нашел обещанное золото. Но старик опять не был счастлив, потому что боялся, что кто-нибудь увидит его золото и попросит поделиться им.

Будучи очень осторожным, он решил закопать мешок с золотом в землю. Но пока он искал место, куда его спрятать, эльф проскользнул за его спиной и продырявил мешок - так что все желтые кусочки золота вывалились на траву. Феи увидели это и прикрепили к золотым кусочкам стебли, чтобы они не провалились бы в землю. Вот так, каждый блестящий кусочек стал золотым лютиком.

CALENDULA, MARIGOLD

КАЛЕНДУЛА, НОГОТКИ

"Calendula" is a Latin diminutive of *calendae*, meaning "little calendar". "Marigold" is named after Virgin Mary. Russian name "nogotki" comes because of the likeness of petals to the fingernails (called "nogotki" in Russian).

"Календула" уменьшительное от латинского слова *calendae,* что означает "маленький календарь". Название "marigold" дано в честь Девы Марии. Русское название "ноготки" дано из-за внешнего сходства лепестков с ноготками.

CALLA

КАЛЛА

The name is derived from a word that means "beautiful".

The daughter of one of the Indian gods fell in love with a brave and courageous young man. The girl's father, learning about their relationship, was not happy and, to stop their love, made his daughter invisible.

Despite that, every day the girl would come down from the sky to visit her lover. Though the young man could not see the beautiful maiden, he was able to feel her presence.

So one day, he collected the most beautiful flowers and made a blanket from them. When he sensed the arrival of the girl, he covered her with that blanket. Seeing the silhouette of the girl he loved and missed so much,

the young man wept bitterly.

Moved by this, the Indian god felt sorry for the lovers and made his daughter visible again. The girl happily threw down the blanket and appeared in all her beauty in front of her lover.

They say, that in the place where the flower blanket fell down, new flowers grew up that resembled the shape of a girl covered in a blanket. They were called "calla" – which means "beautiful".

Название произошло от слова, означающего "красивый".

Дочь одного из индийских богов влюбилась в храброго и мужественного юношу. Отец девушки был недоволен, узнав об их отношениях, и, чтобы прекратить их любовь, сделал свою дочь невидимой.

Тем не менее, каждый день девушка спускалась с неба, чтобы навестить своего возлюбленного. Несмотря на то, что юноша не мог видеть прекрасную девушку, он мог чувствовать ее присутствие.

И вот однажды, он собрал самые красивые цветы и сделал из них покрывало. Почувствовав, что девушка пришла, он окутал ее этим покрывалом. Увидев силуэт девушки, которую он так любил и по которой так скучал, юноша горько заплакал.

Тронутый этим, индийский бог пожалел влюбленных и сделал свою дочь снова видимой. Радостно, девушка сбросила одеяло и предстала во всей своей красе перед своим возлюбленным.

Говорят, что на том месте, куда упало цветочное покрывало, выросли новые цветы, напоминающие формой девушку, окутанную в одеяло. Их назвали "калла" - что означает "красивая".

CAMELLIA

КАМЕЛИЯ

"Camellia" was named after Jesuit missionary and botanist of Czech origin George Kamel.

Japanese Samurai were engaged in the cultivation of camellias.

In America, some members of the racist organization "Ku Klux Klan" use camellia as a symbol of white race and call themselves the Knights of White Camellia.

Камелия была названа в честь иезуита-миссионера и ботаника чешского происхождения Георга Камела.

Разведением камелий занимались японские самураи.

В Америке некоторые члены расистской организации «Ку-клукс-клан» используют камелию как символ белой расы и называют себя Рыцарями белой камелии.

CARNATION

ГВОЗДИКА

"Carnation" possibly comes from the word "coronation" as the flower was often used in crown ceremonies.

"Gvosdika" is called so because it smells like the cloves ("gvosdika" in Russian) - the dried flower buds of the clove tree.

"Carnation" возможно, происходит от слова "коронация" так как цветок часто использовался в церемониях коронации.

"Гвоздика" названа так за то, что по запаху напоминает пряность гвоздику — высушенные цветочные почки гвоздичного дерева.

CELOSIA, COCKSCOMB, WOOLFLOWER
ЦЕЛОЗИЯ,ПЕТУШИНЫЙ ГРЕБЕНЬ

The name is derived from the Greek word that means "burning".

Название произошло от греческого слова, которое означает "горящий".

CHRYSANTHEMUM, MUM
ХРИЗАНТЕМА, АСТРА

The name is derived from the Greek words that mean "golden flower". Flower was first cultivated in China.

Название произошло от греческих слов, которые означают "золотой цветок". Первыми цветок начали культивировать в Китае.

CLOVER, SHAMROCK, TREFOIL
КЛЕВЕР, ТРИЛИСТНИК

The scientific name of the genus—"Trifolium", means "three leaves".

St. Patrick, the patron saint of Ireland, used three leaves of the shamrock to illustrate the trinity - unity of the Father, Son, and Holy Spirit. After that, shamrock became a symbol of St. Patrick.

Научное название рода—"Trifolium", означает "трилистник".

Св.Патрик, покровитель Ирландии, использовал три листика клевера, чтобы проиллюстрировать Троицу - единство Отца, Сына и Святого Духа. После этого, трилистник стал символом Святого Патрика.

CORNFLOWER
ВАСИЛЁК

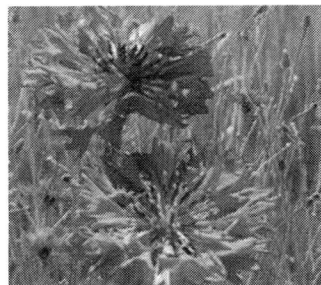

The English name of the flower is "cornflower" because it grows in the cornfields. Russian name "vasilyok" came from a legend.

A widow lived in a village with her only son Vasily. He was a nice and hard-working young man. From morning till night he worked in his field, and then walked down to the river – to wash and rest.

A young mermaid saw him and fell in love with him. She began to call Vasily to come and live with her. But Vasily refused to leave his land, his field. The mermaid got angry and turned him into a wildflower. She made the flower blue, like the eyes of the young man and people named it in his honor "vasilyok".

Английское название "cornflower" потому что цветок растет на ниве. Русское название произошло из легенды.

Жила в одном селе вдова с единственным сыном Василем. Был он красивым и работящим юношей. С утра до ночи трудился на своем поле, а потом шел к реке – умыться, отдохнуть.

Увидела его молодая русалка и влюбилась. Стала она звать Василя к себе. Но Василь наотрез отказался покинуть свою землю, свое поле. Рассердилась русалка и превратила его в полевой цветок. Сделала она цветок синим, как глаза юноши, и люди назвали его в честь него "васильком".

DAFFODIL, NARCISSUS
НАРЦИСС

The Latin name "narcissus" is often linked to the Greek myth about beautiful youth named Narcissus who fell in love with his own reflection in the river and kept staring and admiring it until his death.

"Narcissus" has same root as Greek words *narcotic*—"intoxication" and *narcosis*—"numbness".

Латинское название часто связывается с греческой легендой о красивом юноше Нарциссе, который влюбился в собственное отражение в реке и все смотрел и восхищался им, пока не умер.

Корень "narcissus" тот же , что и греческих слов *narcotic*—"опьянение" и *narcosis*—"оцепенение".

DAHLIA

ГЕОРГИН

Latin name was given in honor of botanist Dahl, while Russian name was given in honor of botanist Georgi.

Латинское название цветка дано в честь ботаника Даля, а русское - в честь ботаника Георги.

DAISY

РОМАШКА

"Daisy" is derived from the words that mean "day's eye", because the petals open at dawn and close at dusk.

Russian name comes from the word meaning "Roman".

"Daisy" произошло от слов означающих "глаз дня", потому что лепестки открываются на заре и закрываются в сумерки.

Русское название произошло от слова означающего "римская".

DANDELION

ОДУВАНЧИК

"Dandelion"—means "lion's tooth" and the flower got its name because of the shape of its leaves.

Here is a wonderful Native American legend.

Young South Wind was flying by the green meadows when he saw a beautiful golden-haired young girl and fell in love with her. Every day when he flew by her side, she would smile and nod him with her golden head.

Once South Wind had to go far-far away for several days. When the time came to come back, he happily flew to the meadow where the girl lived but as hard as he looked, he couldn't see his golden haired beauty.

Instead, there was an old woman with fuzzy white hair standing in her place. The young South Wind was very disappointed and sighed – and with his sigh the woman's white hair scattered in different directions.

From her hair each spring other golden-haired girls appear, and the South Wind falls in love with one of them again. But they too grow old and white headed. And the South Wind continues, as before, to sigh for his lost love and send their white locks flying.

"Dandelion"—означает "зуб льва", и цветок получил это название из-за формы своих листиков.

А вот замечательная легенда коренного населения Америки.

Молодой Южный Ветер, пролетая над зелеными лугами, увидел однажды красивую девушку с золотыми волосами и влюбился в нее. Каждый день, когда он пролетал мимо, она улыбалась ему и кивала своей золотой головкой.

Как-то, Южный Ветер должен был на нескольких дней улететь далеко-далеко. Когда пришло время ему возвратиться, он радостно прилетел к лугу, где жила девушка, но как не искал, никак не мог найти свою златовласую красавицу.

Вместо нее, там стояла старая женщина с пушистыми белыми волосами. Молодой Южный Ветер был очень разочарован и вздохнул - и с его вздохом белые волосы женщины разлетелись в разные стороны.

Из ее волос, каждую весну, появляются другие девушки с золотыми волосами и Южный Ветер влюбляется в одну из них. Но они тоже стареют и становятся седыми. А Южный Ветер по-прежнему продолжает вздыхать о потерянной любви и разносить их белые локоны по свету.

DRAGONSNAP, DRAGON FLOWER
ЛЬВИНЫЙ ЗЕВ

The name comes from the flower's resemblance of the jaws of a dragon that open and close when squeezed.

Название произошло от сходства цветка с пастью дракона, которая при сжимании открывается и закрывается.

EDELWEISS
ЭДЕЛЬВЕЙС

The name comes from German language and means "noble-white". The flower is a well-known mountain flower. Its scientific name—"Leontopodium", means "lion's paw".

In France, edelweiss is called "alpine star", and in Italy – "a silver flower of rocks". There are many legends about this flower. Here are two of them.

It is said that many years ago there lived a man, who had a beautiful green-eyed daughter. Twin brothers that lived in the neighborhood were both madly in love with the girl. Each of the twins hoped that the girl will choose him over his brother to be her husband.

Time passed by but the girl could not decide which of the brothers to marry. Finally, she decided to have a competition and announced the condition: she will marry the brother who will be the first to get for her a beautiful edelweiss.

The brothers left for the mountains and for a long time were looking for the flower, but could not find it. Then one day, they finally saw an edelweiss but it was growing in an inaccessible place. Despite the danger, brothers decided to get the flower. When one of them almost reached it, he slipped and lost his balance. The other brother tried to catch him but couldn't, and both of them fell down into the abyss.

Meanwhile the girl was impatiently waiting for the brothers. Seeing that they are not coming back, she went to the mountains to look for them. On her way, she met a shepherd, who told her that he had seen the bodies of brothers on the bottom of the abyss. Heartbroken, the girl climbed the highest rock and threw herself down.

In another legend about the edelweiss it is said that incredible creatures live in inaccessible mountains. They have long hair and claws, with which they easily move around the rocks.

These magical creatures in female guise are planting flowers of edelweiss and caring for them, jealously keeping them away from people. Brave souls who want to steal their beautiful silver stars, are thrown into the abyss by these creatures. And only those who are inspired by sincere love, can get the flower and stay alive.

Название немецкое и означает "благородный-белый". Цветок является широко известным горным цветком. Его научное название— "Leontopodium", означает "лапа льва".

Во Франции, эдельвейс называют "альпийская звезда", а в Италии - "серебряный цветок скал". Есть много легенд об этом цветке. Вот две из них.

Говорят, что много лет назад жил человек, у которого была красивая зеленоглазая дочь. Братья-близнецы, которые жили по соседству, оба были безумно влюблены в девушку. Каждый из близнецов надеялся, что девушка выберет его, а не его брата себе в мужья.

Шло время, но девушка не могла решить, за кого из братьев выйти замуж. Наконец, она решила устроить соревнование и объявила условие: она выйдет замуж за того брата, который первым добудет для нее красивый эдельвейс.

Братья ушли в горы и в течение долгого времени искали цветок, но не могли найти его. Но вот, в один прекрасный день, они наконец увидели эдельвейс, однако рос он в недоступном месте. Несмотря на опасность, братья решили добыть цветок. Когда один из них практически достиг его, он поскользнулся и потерял равновесие. Другой брат попытался поймать его, но не смог, и оба они свалились в пропасть.

Между тем девушка с нетерпением ждала братьев. Видя, что они не возвращаются, она ушла в горы на их поиски. По пути ей встретился пастух, который рассказал, что видел трупы братьев на дне пропасти. Убитая горем, девушка вскарабкалась на самую высокую скалу и бросилась с нее вниз.

В другой легенде об эдельвейсе говорится, что невероятные существа живут в недоступных горах. У них длинные волосы и когти, с помощью которых они легко передвигаются по скалам.

Эти волшебные существа в женском обличье сажают и ухаживают за цветами эдельвейса, ревностно охраняя их от людей. Смельчаков, которые хотят украсть у них их красивые серебряные звезды, они бросают в пропасть. И только те, кто вдохновлены искренней любовью, могут добыть цветок и остаться в живых.

FREESIA

ФРЕЗИЯ

The name was given in honor of German physician Freese. The flower is native to the southern part of Africa.

Название было дано в честь немецкого врача Фриза. Цветок родом с юга Африки.

FORGET-ME-NOT

НЕЗАБУДКА

The scientific name of the flower— *"myosotis"*, comes from the words meaning "ear of the mouse", because of the fluffiness of the leaves.

Научное название цветка—*"myosotis"*, происходит от слов, означающих "мышиное ухо", из-за пушистости листиков.

FUCHSIA

ФУКСИЯ

The name was given in honor of German botanist
Fuchs. The flower was first found on the Caribbean
islands.

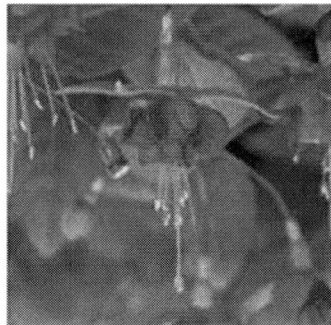

Название было дано в честь немецкого ботаника Фукса. Цветок
впервые был найден на Карибских островах.

GERANIUM

ГЕРАНЬ

The name is derived from the word that means "crane"
because the seed capsules appear to look like the beak
of the crane.

Название произошло от слова, которое означает
"журавль", так как семенные капсулы герани напоминают клюв журавля.

GLADIOLUS, SWORD LILY
ГЛАДИОЛУС

The name is derived from the word that means "sword".

Long time ago, the Romans used to enslave soldiers of their enemies and make them gladiators. Gladiators were forced to fight to entertain the Roman public.

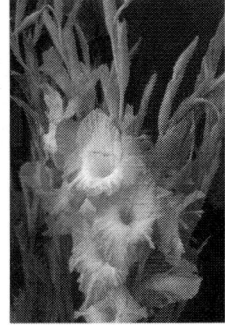

It happened so that two friends were enslaved and had to fight each other. As a reward, they promised them to free the winner and allow him to return to his homeland.

On the day of the fight, the Coliseum was full of spectators anxious to see two friends combating each other. But when on the arena, instead of fighting, two gladiators thrust their swords in the ground and embraced, ready to die but not to kill a friend.

At the moment when they were slaughtered for disobeying the order, and their bodies touched the ground, their swords put down roots and bloomed. They transformed into tall and beautiful flowers.

In the honor of the two friends gladiators, the flowers were called "gladioluses".

Название произошло от слова, которое означает "меч".

Давным-давно римляне имели обычай брать в рабство вражеских воинов и делать из них гладиаторов. Гладиаторов заставляли сражаться для забавы римской публики.

Случилось так, что двое друзей попали в рабство и должны были сражаться друг против друга.

В качестве награды, им обещали освободить победителя и разрешить ему вернуться на родину.

В день боя, Колизей был полон зрителей, стремящихся увидеть двух друзей на смерть дерущихся друг с другом. Но на арене, вместо борьбы, оба гладиатора воткнули свои мечи в землю и обнялись, готовые умереть, но не убивать своего друга.

В момент, когда, за неповиновение приказу, они были убиты и их тела коснулись земли, их мечи пустили корни и зацвели. Они превратились в высокие и красивые цветы.

В честь двух друзей гладиаторов, эти цветы были названы гладиолусами.

GREATER PLANTAIN, BROADLEAF
ПОДОРОЖНИК

Broadleaf originated in Europe and Asia. It was known among some Native American peoples by the name "white man's footprint", due to how it grew around the European settlements.

Подорожник родом из Европы и Азии. Он был известен среди некоторых индейских народов под названием "след белого человека", так как рос вокруг европейских поселений.

HIBISCUS
КИТАЙСКАЯ РОЗА

Is native to subtropical and tropical regions.

Родом из субтропических и тропических регионов.

HYACINTH
ГИАЦИНТ

Named after a beautiful youth from the Greek legend—Hyacinth, who was tragically killed while playing game with the god Apollo.

Назван так в честь красивого юноши Гиацинта из греческой легенды, который по трагической случайности погиб во время игры с богом Аполлоном.

HYDRANGEA
ГОРТЕНЗИЯ

"Hydrangea" is derived from the word that means "vessel with water" possibly because the plant is moisture loving.

Russian name "Gortenzia" was given in honor of the Roman princess Gortenzia.

Название "hydrangea" произошло от слова, которое означает "сосуд с водой" возможно за влаголюбивость растения.

Название гортензия было дано в честь римской принцессы Гортензии.

IRIS
ИРИС

Named after the goddess Iris, whose name in translation means "rainbow".

Iris was considered a goddess-messenger of the gods. She descended from sky by the rainbow. It was said that flowers rose from the earth under her footsteps and were called "irises".

Назван так в честь богини Ирис, чье имя в переводе означает "радуга". Ирис считалась богиней-посланницей богов. Она спускалась с неба по радуге. Говорили, что из земли по ее следам вырастали цветы, и их назвали "ирисами".

IPOMOEA, MORNING GLORY
ИПОМЕЯ, ВЬЮНОК

"Ipomoea" means "like a worm", referring to the wriggling habit of the flower stems.

"Ипомея" означает "подобный червяку", что относится к способности стеблей цветков извиваться.

JASMINE
ЖАСМИН

The name is derived from the Persian word that means "fragrant flower".

Here is a legend about jasmine, which, at that time in Italy, was growing only in the garden of the duke of Tuscany.

The duke wanted to be the sole owner of this beautiful and fragrant flower and forbade his gardener to give out to anybody the branches of jasmine. The gardener obeyed the requirement of his master until one day he fell in love with a girl.

That day, as a symbol of his true love, he broke the rule and presented her with a beautiful bouquet of jasmine. The girl loved flowers so much that she took some of the branches of jasmine out of the bouquet and planted them in her garden.

Branches of jasmine grew into bushes and jasmine became available to everybody.

Название произошло от персидского слова, которое означает "благоухающий цветок".

Вот легенда о жасмине, который в то время в Италии рос только в саду герцога Тосканы.

Герцог хотел быть единственным обладателем этого красивого и ароматного цветка и запретил своему садовнику давать кому бы то ни было ветки жасмина. Садовник подчинялся требованию своего хозяина, но только до тех пор, пока в один прекрасный день не влюбился в девушку.

В тот день, как символ своей истинной любви, он нарушил правило и подарил ей красивый букет жасмина. Девушке настолько понравились цветы, что она взяла из букета несколько веток и посадила их у себя в саду.

Ветки жасмина переросли в кусты и жасмин стал доступен всем.

KALANCHOE

КАЛАНХОЭ

Translated from Chinese, the meaning of the flower name is "that which falls and grows".

В переводе с китайского, имя цветка означает "то, что падает и растет".

LANTANA

ЛАНТАНА

They are native to tropical regions of the Americas and Africa.

Родом они из тропических регионов Северной и Южной Америки и Африки.

LAVENDER

ЛАВАНДА

The name is derived from a word that means "to wash".

Название произошло от слова, которое означает "мыть".

LILAC

СИРЕНЬ

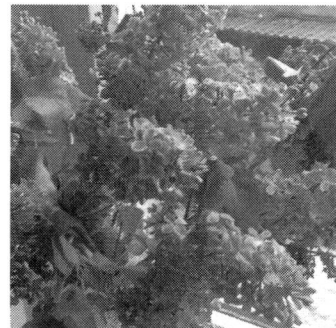

"Lilac" comes from the Persian word "*nilak*" meaning "bluish".

Russian name comes from the Latin word "syringa" which means "tube", "pipe" (because of the lilac stems). An ancient Greek flute-like musical instrument was called "syringa". From the same root originated word "syringe".

"Lilac" произошло от персидского слова "*nilak*", что означает "голубоватый".

"Сирень" произошло от латинского названия "syringa", означающего "труба", "дудочка" (из-за стеблей сирени). Древнегреческий музыкальный инструмент, наподобие флейты, назывался "сиринга". Из того же корня произошло название шприца "syringe" на английском.

LILY

ЛИЛИЯ

The name is derived from the word that means "white-white" and was referred to the true white lily (known as Madonna Lily).

Название произошло от слова, которое означает "белый-белый". Оно относилось к настоящей белой лилии (известной как лилия Мадонна).

LILY OF THE VALLEY

ЛАНДЫШ

The flower is native to the Northern Hemisphere of Asia and Europe.

Here is an English tale about the Lily of the Valley.

It happened so that this beautiful wild flower, after listening to the songs of nightingale, fell in love with the bird. The nightingale, in his turn, inspired by the enchanting fragrance of the delicate flower, each time sang better and better.

But being very shy, the flower was afraid to show her feelings to the bird and began hiding from the nightingale in the tall grass. Not seeing his favorite flower anymore and not being able to smell its fragrance, nightingale felt lonely and, brokenhearted, flew away.

From that time on, they say that nightingales sing only when they see and smell the lily of the valley, which happens in May, when this fragrant flower blooms in open for all to see.

Родом цветок из регионов Северного полушария Азии и Европы.

А вот английская сказка о ландыше.

Так получилось, что этот красивый дикий цветок, услышав песни соловья, влюбился в него. Соловей, в свою очередь, вдохновленный очаровательным ароматом нежного цветка, с каждым разом пел все лучше и лучше.

Но, будучи очень застенчивым, цветок боялся показать свои чувства птице и начал скрываться от соловья в высокой траве. Не видя больше свой любимый цветок и не имея возможности вдыхать его аромат, соловей почувствовал себя одиноким и улетел прочь с разбитым сердцем.

С тех пор говорят, что соловьи поют только тогда, когда видят цветок ландыша и чувствуют его запах, что бывает в мае, когда этот ароматный цветок расцветает в открытую для всех.

LOTUS
ЛОТОС

Usually by the name "lotus" are called different kinds of water lilies.

In many cultures lotus is a sacred flower growing in standing or slowly flowing waters, including in the Nile and Ganges rivers.

In Buddhism, lotus is traditional symbol of purity. Though born in the muddy swamp water, lotus, however, comes out immaculate and clean.

Лотосом обычно называются различные виды кувшинки.

У многих народов лотос—священный цветок, растущий в стоячих или медленно текущих водах, в том числе в реках Нил и Ганга.

В буддизме лотос служит традиционным символом чистоты. Несмотря на то, что цветок лотоса рождается в мутной болотной воде, он появляется на свет незапятнанным и чистым.

OLEANDER

ОЛЕАНДР

Oleander was called so because of its resemblance to the olive tree (*Olea*).

It is a very toxic plant. There is a legend about the soldiers of Alexander of Macedon, who, when stopped for a camp on their way to India, decided to grill a barbecue on the oleander branches.

As a result, they all got poisoned.

Олеандр так назван из-за своего внешнего сходства с оливковым деревом (*Olea*).

Это очень ядовитое растение. Есть легенда о том как воины Александра Македонского, остановившись на привал на своем пути в Индию, решили поджарить шашлык на веточках олеандра.

В результате они все отравились.

ORCHID

ОРХИДЕЯ

The name is derived from the Greek word meaning "testicle" because of the shape of the roots.

Название произошло от греческого слова, которое означает "яичко млекопитающего" из-за формы корня.

PANSY

АНЮТИНЫ ГЛАЗКИ, ФИАЛКА ТРЕХЦВЕТНАЯ

"Pansy" is derived from the word that means "thought".

Russian name came from a legend about a beautiful girl Anyuta. Anyuta was crying for her lost love and her tears, when touched the ground, were transformed into the three-colored flowers.

In some European countries pansy is also known as "stepmother-flower" and there is a tale explaining that name.

According to it, the bottom and the most beautiful petal is the stepmother. The two smaller but also beautiful side petals are her daughters, while the two upper petals – the smallest and very modestly colored ones, are her poorly dressed stepdaughters.

Before, the stepmother was on the top of the flower but from there she was hurting her poor stepdaughters. Her daughters were also being mean to them.

When the kind wizard learned about that, he turned the flower in a way that stepdaughters appear to be on the top, and stepmother on the bottom. In addition to that, as a punishment, the wizard gave stepmother a spur and also moustaches to her and her daughters—the black lines on the petals.

"Pansy" произошло от слова, которое означает "мысль".

Русское название произошло из легенды о красивой девушке Анюте. Анюта плакала о потерянной любви и ее слезы, когда касались земли, превращались в трехцветные цветы.

В некоторых европейских странах анютины глазки называют "цветок-мачеха" и существует история, объясняющая это название.

Согласно ей, нижний лепесток цветка - самый крупный и красивый - это мачеха. Два боковых лепестка - поменьше, но также красивых - ее родные дочери. А два верхних лепестка - самых маленьких и скромно окрашенных - бедно одетые падчерицы.

Раньше мачеха была наверху и сильно обижала бедных падчериц. Ее родные дочки тоже издевались над ними.

Когда добрый волшебник узнал об этом, он повернул цветок так, что падчерицы оказались наверху, а мачеха - внизу. Кроме того, в наказание, волшебник дал мачехе шпорец и, как ей, так и ее дочерям усы—темные черточки на лепестках.

PASSIFLORA, PASSION FLOWER
ПАССИФЛОРА, СТРАСТОЦВЕТ

Passiflora was among the first flowers of the New World that arrived in the European gardens. In the 15th and 16th centuries, Spanish Christian missionaries adopted the unique physical structure of the plant, particularly the numbers of various parts of the flower, as symbols of the last days of Jesus and especially his crucifixion.

All parts of the flower have some special meaning assigned to them. Here are some of the symbols:
- 10 petals represent ten faithful apostles (excluding St. Peter the denier and Judas the betrayer).
- The flower's radial filaments represent the crown of thorns.
- The blue and white colors of many species' flowers represent Heaven and Purity.

The regularly shaped flowers also have reminded people of the face of clock. In Israel they are known as "clock-flowers", in Greece and Japan as "clock plants".

Пассифлора была среди первых цветков Нового Света, попавших в сады Европы. В 15-м и 16-м веках, испанские христианские миссионеры применяли уникальную физическую структуру этого растения, в частности численность различных частей цветка, в качестве символов последних дней Иисуса и особенно его распятия.

На все части цветка был возложен особый смысл. Вот некоторые из символов:
- 10 лепестков представляют десять верных апостолов (кроме Св. Петра отрицателя и Иуды предателя).

- Радиальные нити цветка представляют терновый венец.
- Синяя и белая расцветка многих видов цветков представляют Рай и Чистоту.

Цветки правильной формы также напоминают людям часы.
В Израиле они известны как "часы-цветы", а в Греции и Японии как "часы-растения".

PEONY
ПИОН

The name comes from the Greek word that means "healing".

According to one of the legends, the Greek main god Zeus saved Paeon, who was a brilliant physician and a student of Asclepius (Aesculapius), the god of medicine and healing, from wrath of his jealous teacher by turning him into the peony flower.

Название произошло от греческого слова, которое означает "исцеление".

Согласно одной из легенд, Зевс, главный греческий бог, спас Пеона, который был блестящим врачом и учеником бога медицины и врачевания Асклепия (Эскулапа), от гнева его ревнивого учителя превратив его в цветок пион.

PHLOX

ФЛОКС

The name is derived from the Greek word that means "flame" because of the very bright coloring of the flowers.

Название произошло от греческого слова, которое означает "пламя" из-за очень яркой окраски цветка.

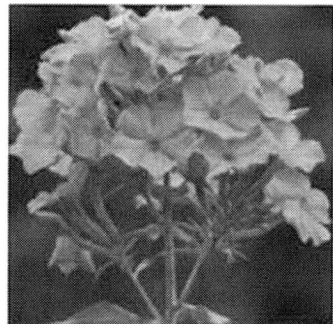

POINSETTIA, CHRISTMAS STAR, STAR OF BETHLEHEM

ПУАНСЕТТИЯ, МОЛОЧАЙ КРАСИВЕЙШИЙ

Named after J. R. Poinsett, the first US Ambassador to Mexico, who introduced the plant to the US in 1825.

The plant's association with Christmas began in 16th century Mexico. Star-shaped leaf pattern symbolizes the Star of Bethlehem and the red color represents sacrifice through the crucifixion of Jesus.

Star of Bethlehem is a mysterious celestial phenomenon, which was called "star" by the Magi who decided that the "King of the Jews" was born. They went to Bethlehem where they saw the same "star" standing over the house where was Mary with the newborn Jesus.

Названный в честь Дж.Р. Пуансетта, первого посла США в Мексику, который первым ввел растение в США в 1825 году.

Ассоциация растения с Рождеством началась в Мексике 16-ого века. Звездообразный узор листьев символизирует Вифлеемскую звезду и красный цвет обозначает жертвоприношение через распятие Иисуса.

Вифлеемская звезда — загадочное небесное явление, которое волхвы назвали "звездой" решив, что родился "царь Иудейский". Они отправились в Вифлеем, где увидели ту же "звезду", стоящей над домом, где находилась Мария с младенцем Иисусом.

POPPY
МАК

Poppies are considered a symbol of sleep, peacefulness, and death.

In art, they are often applied as an emblem of the Greek god of sleep Hypnos and his son, the god of dreams Morpheus.

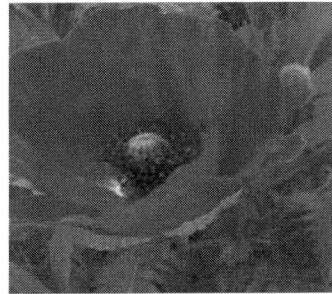

Маки считаются символом сна, умиротворенности и смерти.

В искусстве, они часто применяются в качестве эмблемы греческого бога сна Гипноза и его сына, бога сновидений Морфея.

PRINCESS FLOWER, GLORY BUSH, LASIANDRA
ЦВЕТОК ПРИНЦЕССА

The flower is native to Brazil.

Цветок родом из Бразилии.

ROSE
РОЗА

The name "rose" comes from Latin and, though sounds absolutely different, was initially borrowed from Armenian word "vard" and Persian "gul".

Rose has many symbols/meanings. One of the interesting meanings of rose is "discretion". It is said that Cupid stopped rumors about Venus' infidelities by bribing the god of silence with a rose.

That is why in ancient Rome roses were hung or painted above council tables as signs that conversation was *sub rosa* – private, not public.

In Christian churches, pictures of five petalled roses were often carved on confessionals, indicating that the conversations would remain secret.

There is also Rosicrucian Order, a secret society, symbol of which is the Rosy Cross—a cross with a white rose at its center.

Название "роза" - латинское и, хотя звучит совершенно иначе, изначально было заимствовано из армянского слова "вард" и персидского "гул".

Роза имеет много символов/значений. Одним из интересных значений розы является "дискретность (сдержанность)". Говорят, что Амур прекратил слухи о неверности Венеры путем подкупа бога молчания розой.

Именно поэтому в древнем Риме вешали или рисовали розы над столами совета, как знак того, что разговор был *sub rosa* (под розой) - частный, не для публики.

В христианских церквях, изображения пятилепестковых роз часто бывают высечены на исповедальне, указывая, что разговоры останутся тайной.

Существует также Орден Розенкрейцеров, тайное общество, символом которого является Розовый крест—крест с белой розой в центре.

SNOWDROP FLOWER

ПОДСНЕЖНИК

The name is associated with early blooming of the plants—flowers appear from out of the snow.

Название связано с ранним цветением растений — цветы появляются сразу из-под снега.

SUNFLOWER

ПОДСОЛНУХ

Sunflower originated in North America.

In many Native American cultures it was used as a symbol of the God of Sun. Golden statues of the flower, as well as its seeds, were brought to Europe by the Spaniards.

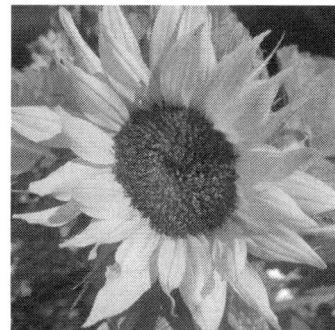

Цветок родом из Северной Америки.

Во многих индейских культурах подсолнечник был символом бога Солнца. Золотые статуи этого цветка, также как и семена, были доставлены в Европу испанцами.

TULIP

ТЮЛЬПАН

The name comes from the Persian word that means "turban" (Turkish hat).

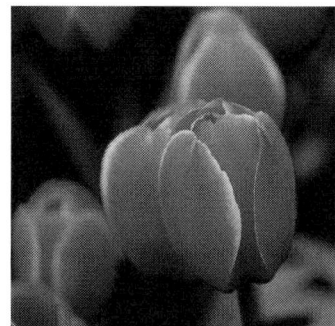

Название произошло от персидского слова, означающего "тюрбан" (турецкий головной убор).

VIOLA, VIOLET
ФИАЛКА

According to the Greek legend, one of the beautiful daughters of Atlas (the Titan who held up the sky) asked Zeus to give her refuge and save her from the burning rays of the god of sun.

Therefore, Zeus turned her into a wonderful violet and hid the flower in the shades of the trees of the heavenly forest where it bloomed every spring and filled the air with its enchanting fragrance.

Once, when Zeus' daughter was walking in the wood with violets in her hands, appeared Pluto, the god of the underworld, and kidnapped her. Horrified, she dropped wonderful bouquet from her hands down to the Earth.

Flowers were scattered on earth and became ancestors of our violets.

Согласно греческой легенде, одна из прекрасных дочерей Атласа (титана, который держал небо), обратилась к Зевсу с мольбой дать ей прибежище и спасти от жгучих лучей бога солнца.

Тогда Зевс обратил ее в чудную фиалку и спрятал цветок в тени деревьев небесного леса, где она расцветала каждую весну и наполняла воздух своим очаровательным благоуханием.

Однажды, когда дочь Зевса, гуляла по лесу с фиалками в руках, появился Плутон, бог подземного мира, и похитил ее. В ужасе, она выронила из рук прекрасный букет на землю.

Цветы разбросались по земле и стали прародительницами наших фиалок.

INDEX/VOCABULARY
ИНДЕКС/СЛОВАРЬ

I

Made in the USA
Las Vegas, NV
29 September 2021